Odisea Bonsái
(2020)

Odisea Bonsái

Ernesto Carrión

El Arco & la Flecha
Editores

Edición: *Isabel Mármol*
Emplane: *Isabel Mármol*
Diseño de cubierta: *Rogelio Estrella*
Ilustración de cubierta: *Egon Shiele "La Familia"*
Fundadora y directora editorial de El Arco & la Flecha Editores: *Carmen Rojas Larrazábal*

©Ernesto Carrión, 2025
©Sobre la presente edición:
El Arco & la Flecha Editores, 2025

ISBN: 979-8-89766-877-9

*Para I y E,
mis vocales humanas*

Siempre sucede lo más secretamente temido.
Escribo: Oh Tú, ten piedad. ¿Y después?
CESARE PAVESE

La peste recién empezaba. Creo que era el mes de marzo.
Yo todavía iba y venía por la ciudad.
En una calle vi un montón de gente y me acerqué.
Toda la gente miraba para arriba.
Una mujer señalaba el cielo y decía:
—Hay un ángel vestido de blanco
con una espada en la mano. ¿Lo ven?
Entonces yo dije:
—Yo veo solamente una nube blanca.
DANIEL DEFOE

I
DIARIO DE PANDEMIA

MARZO

miro por la ventana que da al jardín la ausencia de un jardín
esa ausencia es tierra en tramos agrisados donde no asoma
un pájaro   no hay paz ni sueño familiar que reponga aquí
-frente a mis ojos-   por la amplia ventana que da al jardín
esa ausencia tan remota como incontrolable

extraño de alguna forma un jardín que no está allí
que nunca estuvo allí   pero que debió estar dentro de mí
para que yo pudiera extrañarlo

pensar en él me hace pensar en mí

y que solo perduran las cosas que no existen

un jardín ¿y para qué?
cuando alguien planta un jardín alguien más ya ha pensado
en cómo destruirlo   el viento a toneladas cae del cielo
como si ese pirata que es Dios despedazara barriles
con sus puños

su ausencia es su posibilidad entera

ese jardín no existe precisamente para existir

algo se mueve afuera
y no soy yo ni un ángel ni un pájaro cansado

algo se mueve sobre la tierra y la piedra fresca
donde debería haber un jardín

mi falta de palabra sueña sus rebaños

aquí en este hogar donde también hay gente
que reúne secretamente las fuerzas para no morir

larga es nuestra espera de un jardín

haber venido al mundo fue aprender a buscarlo

no hay nadie afuera   nadie está atajando luciérnagas
bajo un árbol fatigado

por la ventana miro pasar el mundo: fuego lunas y nubes
impactadas de un sudor que no me pertenece
que transforman lo que parece real en peligrosa música

¿por qué nunca plantamos nada allá afuera para poder
nombrar sus frutos con algo de rencor?
                                        ¿por qué
jamás imaginamos un jardín hasta ahora?

es pequeña la casa: apenas cuatro paredes con una ventana
que da a un jardín que no existe

el mugido de una conciencia que comprende la ausencia
de un jardín
remueve absolutamente todo el orden contable de los días

¿qué nos repugna de la dicha si no el habernos dado
poco tiempo?

hemos soñado con la irrealidad para domesticar la realidad
que despliega su andar vacilante   que dura demasiado
que hace una medida justa de todas las confusiones y sus
                                                    presas

llenamos la existencia de una esperanza que tiene la virtud
de incubar el aire donde ahora se hunde

llenamos de aire los pulmones mirando a un firmamento dudoso
donde una hoja roja se desprende y cae

hasta que toca el frío suelo con resignación

una coneja de trapo comienza a relajarse y a girar allá afuera
donde la luz estampa un severo sentimiento en mi garganta

un juguete de alguien que en otro momento fue feliz
y salió a recorrer la ausencia de este jardín
deteniendo el calendario con sus ágiles pasos
rociados por la lluvia

hubo niños en este lugar
antes de que nosotros habitáramos la casa
y alguno de ellos debió estar equipado para la soledad
con su coneja de trapo

¿pero qué hace allí, abandonada, pateando sin patear
el aire insólito?

miro su piel celeste de lana vencida   sus orejas apagadas
como dos velas   su media risa erizada y ociosa

su único ojo colgando: columpiándose a la deriva de la infancia
como nuestros sueños

ABRIL

una ebria estrella se enciende sobre el mar haciéndolo pedazos
el sol baja aplastando láminas de techos por un sembradío de
casas y edificios que lucen como tumbas protegidas por millares
de cables y antenas que electrifican buena parte de la realidad
que ahora opino no debería llamarse así   no debería
autonombrarse *la realidad*
porque no forma parte del dolor
sino de algo más que nutre a esos cuerpos
que fingen formar parte de este dolor aunque se hayan marchado

todo lo que permanezca después de nuestra muerte
no debería llamarse nunca más *la realidad*

que tú entiendas que yo escapo sería recompensa suficiente
que el sol se declare culpable por seguir el rastro de mi ausencia
dentro de una casa que apenas colabora con su ventana
para producir la cuarteadura en mí
para que se quiebre aquello que fingí no anhelar nunca
ahora deseo que se revele aquello que traté que no me atormentara:
la mancha en la piedra que ha sido la necesidad de un jardín
y un cielo diferente donde el presente se magnetice

no es justo haber vivido como si no existiera la muerte

tampoco es justo morir como si no se hubiera vivido demasiado

apenas nivelados por el deseo y la pena de olvidarnos de todo

ahora la ceniza está en el aire
hay muerte
hay tanta muerte afuera que el sueño es arrojarse
a dormir con la cabeza llena de miedo
porque incluso en la palabra y la música
hay una cerradura oscureciéndolo todo

abre esta puerta -te pido-   no pongas llave a todo
y como un acto de supervivencia omites mis ruegos
que se enredan en incansables diatribas sobre la
improbable extinción de nuestra especie

finalmente nos importa esa gente que tanto aborrecíamos

el museo de hordas de carritos de compras en medio
de columnas de supermercados componen una ópera
subversiva

¿pero cuál es esa especie que estamos tan dispuestos a
defender?

camadas de almas con pieles de serpientes cerrando
los pianos   un alfabeto de polvo que va dejando sus
huellas en la recuperación de unos símbolos que caen
como manguerazos sobre nuestras botas   polillas
arrancadas a manchadas cabezas de ancianos
que eructan una frase indecisa a la luz de la luna

un miedo tan loco y suspendido parecido a un acorde
imposible de descifrar

tenemos miedo y tenemos esperanza
además de una ventana que da a un espacio inmaterial
que yo puedo dibujar cada mañana   el desierto
está en mi mano   no lo menciones
el desierto también se oculta en cada una de tus manos
pienso ahora dónde poner un rosal
unos lirios y unas grandes naranjas
que irradien más que el sol

naranjas que floten como larvas de fuego
bajo un cielo de sarro absoluto

naranjas que se derramen por unas bocas futuras
al pie de nuestro abismo

estas son palabras públicas que te ofrezco en privado   mal lo dijo Eliot
no estoy perdiendo la razón por este encierro   te comento: extraño
la sensación de una gota de agua cayendo justo en mi frente   una gota
contaminada por el hombre como lágrima de algún diablo desheredado
extraño una brisa zalamera hurgando en mis cabellos
y el aroma a cigarro puro de un establecimiento con pocos comensales
extraño odiarme caminando ofuscado entre gente indecisa

aunque tampoco se trata de no saber perder   o de exigir un nuevo sol
para el retrato luminoso de este cuadrúpedo

desde que nacimos -amor- hemos perdido

no recuerdo un solo momento en el que no haya sentido que alguien
me arrebatara un fragmento de felicidad: por ejemplo una amistad
que debió durar para siempre o el dibujo de unos pastos incendiados
en uno de mis diarios de infancia que simplemente desapareció

pero este encierro obliga a poner a un lado la imaginación

a desaparecer en silencio a un ritmo idéntico

a encontrarse con el propio cuerpo para despedirse

MAYO

ayer soñé con sombras

escribir   -de algún modo-   es soñar con sombras

acomodar las piezas de una obra que sigue velada

mi casa es esta cueva que me protege del mundo
fluyo atrapado como la tinta en un libro mínimo
todo lo que me alcanza está distorsionado por la angustia
todo lo que me alcanza está distorsionado también por la esperanza
hay una caída a una extraña velocidad de un lado hacia el otro
porque nadie quiere apilar cadáveres al pie de su puerta

y eso es lo que ocurre: hay cientos de cadáveres
debajo de las piedras y sobre los autobuses
hay cientos de cadáveres en los bosques
y en varias residencias elegantes

cadáveres que nunca más procrearán el futuro

únicamente piezas de un lenguaje ominoso

jamás imaginé que después de tantos viajes que realizamos
el más largo sería este: uno que ocurre sin movernos de la
cama   contando sombras   nombrando cadáveres

soñando con una ventana
por donde a ratos contemplo la ausencia injusta de un jardín

tenía razón la locura
y los sueños acabaron convirtiéndose en una celda necesaria
para ese animal salvaje que busca en su interior
hasta desvanecerse

no lo sé

sombras de sueños
sombras de sueños que en otro tiempo suavizarían mi áspero
rostro hoy muestran su puño en alto en mi interior que grita

también hay quienes trabajan con las sombras
artistas que hacen árboles y castillos con las
palmas de sus manos   gente desenfrenada
y tierna que apenas cubierta por un cortinón
otorga vida a una bandada de palomas en un
escenario vacío   fundando con sus manos
otros deseos

hay que deshilarlo todo
el tiempo que es real y devora a cada uno de nosotros
como hizo Saturno con sus hijos   y el mundo con su
lenguaje en ruinas   con su brillo afilado   con sus
cornetas de aire empotradas en riscos milenarios
hay que aprender a dar con las costuras en cada una
de las personas que se ama
entender que ellos también terminarán descosidos
con el pasar de los días   ellos acabarán destrozados
por un tigre llamado Borges
que habrá mirado el río de nuestras vidas desde un agujero

solamente agua y algodón caerán de nuestros ojos
cuando el tigre se duerma

hay que aprender a deshilarlo todo
o mejor dicho: a no dejar todo en la luz

hay que ocupar el centro de la forma
en la imprecisa duración de las tinieblas

JUNIO

no importa si escribes: el presente ya no vendrá por nosotros
y cuando el mar rebase la playa   la gran arena que fosforece
hinchada de personas   ignorando el mundo exterior
la tierra se consumirá como un espejo fuera de su glaciar
y en ningún lado estaremos nosotros ni esta casa ni esta familia
que fijaba la vista en el amanecer por una ventana
como parte de una oración durante su encierro

entonces ya nadie esquivará nuestra historia
la que como toda literatura sobrevivirá desapareciendo
a quien se anime a leerla

ahora hay ceremonias superfluas
despertarse y andar en zapatillas
por la casa durante el día tiene
su encanto   vivir bordeado
de libros y mirarse al espejo para
decirse: *Hola, aún no estoy listo
para explotar*

el día entero sujetando la válvula
de la ducha   bañándome para
mezclar al impostor cobarde
en mi rostro con el agua caliente

ir hasta la sala a besar a mi hijo
con ánimo fingido
es una tarea que demanda de tener
un corazón de hierro

no quiero que halle en mis ojos
algún reflejo turbio que le cuente
el relato de horror que todos vivimos

nunca sabremos la respuesta de lo que envejece
estropeando su fantasía
no es intercambiable con la trampa de perder un perro
cuentan los biólogos que no hay que preocuparse
a pesar de que ciertos animales aún avancen como
dueños del paraíso   al final: ¿qué más da?
la resistencia es oralidad pura hinchada de huesos
arañándole una flor a los crepúsculos

hemos luchado tanto tiempo
por permanecer más tiempo de pie
llenando la materia de ideas estúpidas   anarquistas
o con blancos enjambres de súplicas

fuimos rebeldes   chispeamos sangre bajo el cuerno
de la luna   fuimos una y otra vez nuevamente
abusados por nosotros mismos   somos apenas
una larga marcha hacia un proyecto viciado

vencimos   nos vencieron y nunca ganamos

no ganaremos nunca

desnudo entre olivos avanza el tiempo de los seres
laboriosos: con un pañuelo rojo atado fuertemente
en los ojos   tanteando la esperanza

¿quién conoce China? ¿sabes tú algo de un cambio de planes
y de una distopía donde la muerte jamás alcanza la edad
de sus propios asesinados?   ¿quién puede entender de qué
habla esta gente que solo cuenta
con cierto número de historias para tejer la realidad?

vámonos -te pido-   pon tus pies junto a los míos debajo
de las sábanas   la algarabía familiar hace menos violento
el infortunio   Dave Chapell nos hace reír con la denuncia
de un país racista   lleno de incendios
observa cuán lírico es el cabello de David Lynch: sus hebras
como telescopios de cristales católicos   Quentin Tarantino
es tan salvaje
que otras muertes televisadas parecen bromas al lado
de las suyas

aún no te duermas hasta que el sol gire nervioso

mira otra manada de nubes con ADN penetrando
libremente en nuestro vaso de agua

concéntrate: solo el gran final deja de ser metáfora

tomémonos de las manos y abracemos a nuestro hijo
hasta convertirnos los tres en una minúscula bola de
energía   en una espora que pase inadvertida
flotando bajo el cielo

dicen que de la muerte solo vuelven los mártires y los que han amado

esta tarde llueve   yo estaba leyendo poemas de la Dinastía Tang

remataba mi lectura con cara de asombro   un libro que he leído más
de cincuenta veces

mentía para impresionar al resto

el amor produce a diario tareas normales como torcer lechugas
en la cocina y cortarle el cabello al niño   lo miro directamente
a los ojos

es bueno que sea pequeño aunque no es nada fácil cuando pregunta
sobre la vida futura en un sitio que seguirá por un buen tiempo
suspendido

(entre paréntesis)

hay mucho de él que aún desconoce ese impulso (*mío, quizás hereditario*)
de rodar hacia la tristeza

oigo ruidos afuera en un jardín que no existe
en un jardín que si existiera haría más fácil esta reclusión
esta cuarentena que es el estallido de la soledad
frente a la palabra *cuerpo*
todos tenemos un cuerpo que es mortal: apenas una funda
un poco agotada

llueve: el embrujo de toda esa oscuridad sacudida por el agua
entra mansamente en mi cabeza

JULIO

multiplicar sumar y dividir
componer pequeños cuentos
aprenderse las capitales de todos los países del mundo
y cantar el himno de Rusia han sido algunos deberes
que hicimos con el niño

tiene una obsesión muy loca con esa nación

incluso ha pedido de regalo para Navidad
–si llegamos a estar vivos– una *ushanka*

explora el pasado como si fuera lo único que existe

y lo hace –fíjate– con sincera alegría

el tiempo detenido dibuja estrías en la ola hipnótica del horizonte

hay un remordimiento acumulándose en las estatuas abandonadas de las ciudades en pausa

yo despierto con el cuerpo entumecido hundido en un escándalo de noticias

como casi nunca salimos los músculos también asisten a su propia desaparición

aunque no hemos hecho de la oscuridad un reino
a ratos hay que cerrar los ojos para encontrar algo de paz
en medio de lo que está ocurriendo en la calle

sospecho que es frágil la belleza del que ignora
porque el que ignora también sufre al mirarnos

mirar es sacar el interior ajeno y ponerlo en discusión sobre una mesa helada

por ahora he terminado con la poesía: allí aprendí a comer sapos sobre un fondo negro

allí aprendí a golpearme contra todo para expresar la nada

la experiencia de acabar con la poesía es la de matar una flor con un nombre invisible

en el principio el fuego debió ser un proyecto
que restauró a una familia entera a través del humo
desde niños jugamos a quemarnos con puntualidad
ortográfica   a coleccionar algunas llagas
en los nudillos

vamos a ver: hoy podría cocinar cebollas   y freír
gordas salchichas que para ti son una amenaza a la
salud del niño   pero es lo que sé hacer:
cocer arroz   asar salchichas   abrir latas de fréjoles
conservados y moler aguacates   tajar tallos
y frutas   inclinado sobre el fuego azul
que se sostiene ante un hombre barbado que llora
revisando la etiqueta de una lata de aceite

hasta ahí llegan los conocimientos culinarios
de un poeta perdido en el fin de los días

tarde o temprano hay hambre encadenada a los pies
que madura ante el reflejo de un mundo que deviene
en vegetal fileteado

el fuego es un instrumento de la culpa

un pacto ennegrecido

abro y cierro los ojos para entender la luz amarilla que está
perdida de la luz

para recordar una vez más su rastro en los húmedos techos
de otras casas
hechas a mano
donde ya no se mueve

por la televisión –cosas de la televisión– han dicho que platillos
voladores entran y salen constantemente de nuestra órbita
la cosa se está poniendo metafísica   peor aún: paranormal
y enigmática

el niño masca canguil mientras mira con atención la pantalla
en medio de ambos
su quijada rumea la soledad del instinto como una vaquita
del siglo diecinueve en el Oeste americano
¿entonces hay vida fuera de aquí?
¿y cuándo haremos contacto para irnos a vivir a otro planeta?

suelta así estas preguntas que te dejan callada y con los ojos
aguosos

algún día mi chiquito
respondes apagando la luz

y un relámpago de pronto le abre la cara al cielo

su cicatriz queda flotando en mi cabeza por varios segundos

AGOSTO

hacer el amor no es una posibilidad ni para matar el tiempo
comprendes que algo se ha escapado
desde que estamos dentro de cuatro paredes auscultando
el profundo abismo que no tiene fin

acumulando quejas y noticias
como en las leyendas antiguas
negros muertos traen góndolas
marchando en silencio

te miro   me miras y me abrazas con un miedo tan penoso
–como si permanecieras lejos de mí
estando tan cerca y con el aliento quebrándose en mi oído–
que apenas logro rodearte con mis brazos aguachentos
como si todo yo fuera un sol de pálida niebla

ha vuelto el instinto a ordenar –me dices–
y hacer el amor no es necesario no significa nada

hacer el amor es solo un privilegio
para animales inconscientes de su muerte

sin esperanza en las tribus las tribus se alzan
cada ciudad cada barrio cada casa va afilando
su horda

de pronto un mismo país
parece raramente habitado por clanes sanguinarios
donde hay gente preparada para arrancar los cabellos
a quien se lleve el alimento
el papel higiénico y las medicinas

ir al supermercado es un viaje infernal
por una película de zombis
donde nadie quiere mirar a nadie
y donde todos buscan salvarse sin remordimientos

en altoparlantes anuncian la escasez de un producto
de necesidad básica

ya es de todos la pena   finalmente
ya es de todos la muerte

un enorme reloj haciendo un tic tac por el aire
chupa en cámara lenta mis labios requemados

¿tienes hambre? –pregunto al niño pero no responde
¿ya desayunaste?   mueve entonces la cabeza
aceptando una naranja sin mirarme a los ojos

¿qué son las naranjas? ¿de dónde vienen? ¿quién las
inventó? ¿y por qué tenemos siempre que comprarlas?
¿hay acaso un mapa increíble con una realidad donde
dos civilizaciones se peleen hasta la muerte por unas naranjas?

pregunta todas estas cosas con una intensidad que me deja triste

amo la poesía loca que hay en él y que él desconoce como poesía

el peso de nuestro tiempo es aprender a esconder la fragilidad
en un cuerpo que no pueda responder ni recordar por nosotros

aguardamos por la madrugada como si alguien arrastrara
hacia la casa el corazón palpitante de un ave prehistórica
abierta con un hueso en medio del bosque

no es fácil despertar con el tiempo perdido
anudando con su gran látigo las ausencias familiares
y los últimos paisajes borrosos

diría que son momentos de profunda introspección donde
exploramos a tientas el resto del naufragio de lo que vimos:
Madrid Venecia París Roma y Barcelona se han transformado
en sepulcros de ciencia ficción donde el agua y la nieve
lo confunden todo

qué bueno que hace años estuvimos allí
me dices sin poder dejar el teléfono a un lado
sin querer perderte ni por un segundo de esa huérfana sensación
de convertir tu casa en un hotel celestial

así es -te respondo-
nosotros estuvimos allí antes de que la tristeza se deslizara
sobre el mármol

cuando Europa era otro mundo lleno de metáforas sonámbulas
como una lengua quichua

y cuando despierto revisas mi temperatura
mides con habilidad nuestra frecuencia cardiaca
rebuscas en cajones sorprendentemente cerrados
desde hace años
por cualquier antigua receta que pueda servirnos

recuperas tu presencia en el mundo
imbuida en tu papel de protectora

luego interpretas en las flores
de nuestro jardín inexistente
las señales de la enfermedad

SEPTIEMBRE

durante todo el verano muchas personas que tenían nuestra edad
envejecieron
mechones blancos y barbas agrisadas con ojeras
o mejillas arañadas por invisibles gallos
nos envían en capturas de fotos

sin embargo existir es resistir de muchas maneras
tomar consciencia de que un cuerpo puede ser también un espejo
frente a otro espejo forrado de moho

en mi cara también hay manchas como fotografías de un sol sexuado
que no se deseó más
¿de dónde salieron?

nadie entiende cómo pasa el tiempo
pero de repente está ahí: aguantando nuestro peso
es como un diente astillado a punto de ceder hasta que cede

ahora que yo también me he convertido en un deseo volado
en una abatida arquitectura de mí mismo
el futuro languidece porque sabe que comprendo al fin su pérdida

que no me sostendrá ninguna estrella el cuello desnutrido

porque todo lo que he amado
incluso obligándolo a quedarse   desaparece

hablar soñando se ha vuelto una rutina

incluso despertarse para interpretar los sueños

sé lo que soñé: hablaba con Dios y ambos éramos
dos mujeres de la misma época   bailamos felices
hasta el amanecer tomadas de la mano   después
yo le pedí que me indicara el camino al Consuelo:
la aguja en la vena o en la espina   entonces dijo:
«Abandona a quien no te necesite   pero nunca te
atrevas a abandonar a quien te necesite»

mudas nos miramos por largo rato

y ya que durante mi juventud no tuve padre
que me enseñara cómo ocultar la pena o cómo
deslizarme a la felicidad sin nada qué agregar
con algo en los bolsillos
puse en sus manos un abrigo muy largo
de inusual diseño

se lo probó y se marchó sin mirarme de nuevo

y en su modo de abandonarme entendí cuánto me amaba

Penélope Telémaco y Ulises también vivieron viajando hacia el origen

incluso en el siglo XXXI padre e hijo todavía vagaban por el espacio
descubriendo otros planetas y luchando contra monstruos galácticos
como hacía la reputada nave Enterprise (*Star Trek* aún es una secuela
de la *Odisea*)

la idea de hacer del retorno una nostalgia de cabellera hirsuta
ha conseguido que la luna irrumpa con su flotable aullido
dejándonos dispuestos a escuchar una buena historia
en torno a la familia

no es un secreto que la carne olvida su idioma

para Telémaco –hay que decirlo– volver al origen es mirar en su padre
a un héroe desaparecido

aunque para Ulises volver al origen es encontrar las cosas
como las había dejado antes de partir

solo para Penélope volver al origen no es un misterio:
es recuperar a su familia

después de varios años de matrimonio es la primera vez que me dices
que sería mejor que me pegara un tiro
que no me quieres así: tan deprimido
y peleamos con el deseo de destrozarlo todo
con ganas de que la cama los muebles la casa y hasta el niño
salgan volando por los aires
así es el dolor en la nación transparente
el miedo en nuestro encierro nos hace decir tantas cosas
tantas estupideces llenas de veneno
no puedo más -te digo- con los ojos cerrados
que van multiplicando tu imagen desbordada
yo tampoco -respondes- con los ojos abiertos
que comprimen con rapidez mi última imagen
pero mentimos: ambos necesitamos de este caos
para que vuelva a ser la casa enteramente nueva

miro por la ventana la ausencia de un jardín

es precisamente una ausencia lo que estoy mirando

algo que puede estar allí pero que aún no está por culpa mía
o de alguien que habitó esta pequeña casa antes que nosotros

pero ¿dónde podríamos caber sino en lo inexistente?

aunque vivir en un lugar que tiembla por lo que no existe
o por lo que de repente deja de existir
logra quebrarte el espíritu

mi hijo viene corriendo en pijama y me pregunta por lo que miro

elijo no responder y pedirle que sea él quien ocupe mi puesto
al pie de la ventana

salgo con unos guantes arrastrando una pala y portando una visera
que me proteja de la luz solar que aún existe a pesar de la pandemia

entonces empiezo a remover algo de tierra hasta dejar un hoyo amable
donde ubico con rara teatralidad unas cuantas semillas

y cuando miro otra vez al niño –pálidamente asomado a la ventana–
dibujo con mis dos manos una naranja

II
EL PROBLEMA CON LA OLA DE HOKUSAI

1

ha pasado un año y debería despertar
pero escribo mejor dormido ¿quién ha dicho
que la Odisea concluyó con la metamorfosis
del amor? de nada sirvió poner mi oreja en un
charco de sangre para volver al mar
no estoy muerto –lo entiendo por la palabra
que es una copia deforme que inventa el pasado–
pero he perdido el deseo de preguntarme
porqué estoy vivo

2

a mí me encanta pensar que hace millones de años
nos extinguimos aullando toda la noche –cuando aún
el lobo era el lobo– y que pronto cumpliremos la
segunda y tercera extinción rebuscando en tratados
de ciencia ficción por otra vida terrestre

3

la luna roja flota a la distancia como el sustituto de Dios
sobre un mundo lleno de muertos que enferman la pureza
he tardado tanto en comprender que el poema
que hiere de blancura en la mitad del corazón
es apenas otro sueño donde aprender a mirarme

4

¿para quién estalla el sol? ¿a dónde se fue la música?
recuerdo vagamente atreverme a disecar un puñado
de flores con mis propias manos
recuerdo vagamente atreverme a buscar por la sala
la enorme ola de Hokusai abriendo los ojos
hoy confundo las imágenes de mi mujer y mi hijo
con pesadillas que desordenan las cortinas
¿de dónde han salido estos peces que revientan
en mi mente haciendo remolinos de silencio?

5

sé que el lenguaje tiene habitaciones con animales
encerrados bajo una etiqueta que dice: «Peligro»
pero también sé que tiene otras habitaciones
donde podemos bailar feroces bajo el aguacero

6

caer finalmente muerto
para entender que hubo un poema
en el silencio de esta casa
como un espermatozoide
tatuado en el fémur

ir hacia la muerte bailando con destreza
descubriendo el tiempo enrollándose
en el esternón

nunca imaginé que ese hombre muerto
que un día sería yo mismo
recorrería los bálsamos helados
se despojaría del silencio
para quedarse desnudo entre la cáscara
y su feto verdoso

porque escribir fue solo eso:
desnudarse con hambre ante el deshielo

ahora que hago lo que nunca hacía antes
(orar   abrir los ojos frente a las gárgolas
en los relámpagos   hablar de más

tocarme en todos mis libros
sacarle punta a este lápiz que no existe)
ruego desesperadamente por una frase
que aterrice mi sustancia
mi títere poseído por el dolor

y en un tramo de horizonte
viene a llover el lodo de la máquina

el cuento sin retorno de un hijo de puta
que solo quiso abrir los ojos para llorar

7

sospecho que lo hemos copiado todo
que ni la vida ni la poesía nos pertenecen
por eso quizás la única venganza que nos queda
es fracasar siendo profundamente felices
con una cesta de naranjas podridas en las manos

8

¿estoy realmente vivo? -preguntaste de modo fantasmal
forjándote en la chusma el corazón de un león
mientras le pasabas una lengua muy larga a nuestro infierno

9

si quiero recuperar el mundo ordeno mi biblioteca
ubico una caravana de camellos
junto a otra caravana de becerros famélicos
que dejan una estela de bella melancolía
que interpela siempre a las estrellas

¿fue este realmente el hambre de cientos de tribus
que celebraron un día la clarividencia?
¿que pesquisaron la inteligencia humana
con el hueso de una manzana oliendo el sexo frio
de nuestro zoológico?

10

una mujer con un hombre junto a su único hijo
expulsados del mundo   hacia el interior
de un hogar   marchando en ropa interior para
encontrarse con sus cuerpos algo desamparados
por la idea de Jesús defecando al pie del único
árbol   al fondo de nuestro jardín invisible
es una manera insana de volver a la coherencia

todo recuerdo aquí es un espeso cloro apócrifo
refregando manchones   la mugre en los rotos
azulejos del último bardo

11

quiero decir que si pudiera recuperar el tiempo
no lo haría   todos esos puntos suspensivos
dan forma a la realidad

parte de estar vivo es todo el tiempo despedirse
agradecido por cada parte rota de la claridad

solo la imperfección puede mostrar la belleza
en un lugar como este

exaltar la inundación del paisaje
que no será nunca nuestro

12

por qué no hablo de cuando acompañaba a mi madre
a vigilar los pasos de nuestro futuro apedreando ateos

por qué no hablo de esa libertad relativa que fue crecer
y elegir cumplir con nuestros padres volviéndonos hijos
y otra vez padres para cultivar un jardín en un sitio
maltrecho y requemado

cómo aceptar que las más oscuras verdades son las más
humanas transparencias

cómo aceptar que estoy aquí sin saber tampoco porqué
aunque mirando el mar

III
PAPELES DE CUARESMA
(El Principio)

Albania me encantaba porque no tenía nada que ver conmigo. Me ocurría lo mismo con Budapest y Bielorrusia. Aunque a mi hijo le gustaba ponerlos en la discusión sobre la mesa, a la hora de jugar a la dominación del mundo. La pregunta sobre cómo se domina algo tan quemado por dentro sigue retumbando en mi cabeza.

Mi abuela debe ser la única persona que se fascina con las iglesias incluso cerradas, porque empieza a merodearlas con ansiedad

escondiéndose del sol, con los ojos inquietos. Cuando se llega a los ochenta Jesús es un cachete enrojecido pegado a ti, dando silbiditos y picachos de repente.

Pero para alguien como yo, que avanza a los cincuenta años, y por lo tanto, carece de zona de confort, la religión es un trabajo que pesa un quintal

o es esa mímica cruda de los domingos que congela la inmortalidad con pensamientos casi siempre masoquistas.

Bibidi Babidi Bú era lo que canturreaba La Hada madrina en el aire haciendo uso de un falso lenguaje para que la magia existiera,

lo que implica que para modificar la realidad, hacer agua del mundo, es insuficiente el lenguaje educado y lleno de jerarquías.

Para recuperar el amor por la escritura, que ha sido mi única religión, yo empleo también un falso lenguaje que dice lo que no dice y que se desdice de lo que dice, como expongo a continuación:

Aquí se venden litros de muerte a centavos. Usted puede adquirirla en todas partes. Porque está en todas partes. Y puede encontrarla

en muchas presentaciones. Porque para eso hemos diseñado y distribuido con éxito nuestro producto. Bébala como guste. Fría o caliente. Consérvela en un lugar apartado de la casa.

Si la lleva consigo, por favor, llévela bien sellada.
Y no olvide lo más importante: una vez adquirida,

la muerte no tiene fecha de expiración.

Y así podría seguir colocando ejemplos que vienen al caso para revelar que al llegar esa noche a mi casa

la vida como la conocía mi abuela, pero también mi madre, mi hermana y su hija y otro montón de gente, desapareció.

Bombardearon los noticieros mientras fregaba los platos: contagios y pilos de muertos eran un elemento fantástico y aterrador

aeropuertos comenzaban a cerrarse; ciudades fueron llamadas a abastecerse para no desaparecer contenidas en sus capullos metálicos.

Puentes aplanados por la maquinaria de la guerra, soldados atados a tanques y a más soldados moviéndose con megáfonos por doquier

mientras la luna se instalaba en todos los cielos del mundo mostrándose como lo que ha sido siempre: un salto a la leche o un vacío volando o una cofia de monja.

Despedirse en este momento de quién y para qué –me dijo mi mujer–, si irse sin todos da igual a largarse abrazado con todo el mundo. Hay

que cerrar la casa. ¿No entiendes que cuando la música acabe todo lo
que veremos será un cuerpo pretencioso y corrupto lastimándonos
con la idea limpia de que al menos la vida fue necesaria para cultivar
estos problemas?

¿Cuáles problemas?
La física y Las matemáticas. Naderías como esos poemitas que me
propongo a escribir y que nadie más que yo termina comprendiendo
cuando empleo

palabras como *bulbo cavernoso* y *suelo pélvico* para describir el acto sexual
o el asalto de dos amantes que se estrujan hasta quedarse
con alguna partecita robada a ese otro yo.

Algo tan urgente e injusto como el robo de un libro.
Aunque opine firmemente que toda persona debería tener
un libro robado

en la biblioteca de su casa, para así recordar que la literatura
es un riesgo innecesario y un asalto.

Atiborrado también de historias incurables como las que ahora ocurren:
porque venían ellos así, huyendo a toda lágrima con máscaras en la cara,

azules y trágicos como la vida extraterrestre dentro de una oreja
y desde el mes de febrero, en plena cuaresma, olvidándose del jefe
de la tribu israelita y su relato de peleas de gallos con montes
y lagunas de arriba hacia abajo.

De un lado hacia el otro los veíamos paseando por el televisor
zurrados y navegando a la deriva sobre un río incontenible de muertos

con nombres como Pedro, María, Juan y José cuchicheando borrachos
y sonámbulos como zombis rechazados por un estado indolente
que no les ofrecía una cama de hospital, ni un poco de oxígeno
ni un féretro donde apagarse.
Y a los pocos días tirados como fundas de basura,

envueltos en fundas de basura, convertidos ellos mismos en basura
desperdigada por casas y veredas

o depositados en fríos contenedores, revueltos entre más carne infectada,
para que nadie pudiera reclamar esos cadáveres que eran solo
estadística ruidosa de una guerra silenciosa que no discriminaba
por clases ni género ni raza. Que simplemente arrasaba con todos
como aguacero definitivo, como plaga de Egipto.

Si aquí hoy alguien despierta es de milagro y lo hace arrastrando
un pie junto al otro. Así vamos dejando de ser materia en fuga
o ideas apresadas como hervidero de gusanos cerrando el horizonte.

Adscritos al movimiento global. Mi hijo y yo, cuando desayunamos
encerrados, cuando miramos la televisión encerrados, cuando dormimos

encerrados y con miedo, estamos adscritos al movimiento global,
compartiendo el agua caliente y ciertas rutinas de evasión
que igualmente nos dejan llorando.

Histéricos, deprimidos y suspendidos entre dos vidas esperando
por la noticia del pariente muerto o agonizando. O porque finalmente

aparezca la fiebre encapuchada a despedazarnos entre cuatro paredes
con un hilo de palomas muertas atadas al cuello,
soportando un modo de soledad y compañía insólitos.

Mientras en cientos de ciudades en este preciso momento
hay fosas comunes. El 2020 será recordado como el año
en el que muchos gobiernos del mundo
se pusieron de acuerdo y actuaron como los nazis: quemando
cuerpos, extraviando cadáveres y ocultando cifras reales.
Aunque para el día de mañana, quiero decir, cuando amanezca,
los puentes se caigan y las ciudades terminen sumergidas.

Nada volverá a ser igual.
Aunque esos muertos regresen a la vida, nada volverá a ser igual

aunque la luna desprenda una tela espléndida por donde bajen
esos cuerpos como figuras de un tarot obsceno, asolando gemidos.
Nada volverá a ser igual.

Nadie volverá a tomarse de la mano mirando en silencio nuestra
modernidad

reapareciendo en autos y hoteles de lujo, o en estaciones de metro
donde milita el espectáculo de los telespectadores y su oficio con
montones de frívolas citas que devoran su parte más humana.

Nadie volverá a hacer el amor con la luz apagada por temor a
que ese cuerpo de pronto desaparezca;

nadie volverá a cantar una canción en su mente para que nadie
más pueda oírla: la soltará con rabia como un huracán hasta que
estallen otros tímpanos y otras córneas necesitadas de ese incendio.

Nadie volverá a mentir mirando fijamente a su víctima. Decir la
verdad se convertirá en una necesidad de recuperar la sangre;

nadie volverá a estornudar sin recordar a sus muertos. Sin perder
la mirada en los muebles y lugares dejados por esos cuerpos
traspapelados.

Derramando otra vez lágrimas y persiguiendo el amor
como un superviviente con la piel completamente quemada,

liberados ahora sí del peso de la tierra,
de la hipocresía y los modales paralelos, de las ceremonias y sus
rechonchos y verdes embustes.

Macheteando el viento con el pecho caído;
atravesando túneles sin dios en sandalias y con los bigotes
y las melenas plateadas y desesperadas;

llenos de afecto, pero radiantes como el exceso de defectos,
como la ignorancia y su espejismo alojado en la tráquea;
como un mercado donde aparecerá la basura
y será repartida entre mendigos que romperán las ventanas
y dialogarán con los grillos y las cucarachas
y se alegrarán por tomarse finalmente de las manos llenas de salpullido.

Volveremos solamente así: ciegos para fundar otra vez una tierra llena de pena. Deformes por haber sobrevivido lavando cristales;

culpables por haber sobrevivido lavando cristales y mirándonos hacia adentro donde desde ahora reposa la nieve y un extraño sinónimo de resistencia.

Agradecidos por no haber sido nosotros los sacrificados de la especie.

[nota al lector]

Clavamos la resistencia a nuestra sangre. No era fácil que llegara el fin en un segundo con toda la vida por delante. Y no quisimos recordar más pero tampoco quisimos olvidarnos de nada:

China. Influenza. 6000 A.C.
Estados Unidos. Gripe Española. 1918.
Reino Unido. Vacas Locas. 1980.
Estados Unidos. VIH. 1981.
China. SARS. 2002.
África Occidental. Ébola. 1973/2014.
China. Coronavirus. 2020.

Revisamos con suficiente escozor los grafitis apocalípticos multiplicándose en las calles de las principales ciudades del mundo:

Si le temías a la muerte ahora llorarás pidiendo la muerte

Cuando no estés aquí la certeza tendrá el sentido de un poema

Esa noche soñamos con familias enteras desfilando por cárceles de animales. Desde la Casa Imperial de las fieras de Viena en 1752 hasta el zoológico de Central Park de 1860. Oímos chillidos intermitentes –el canto histérico de las sirenas– como una fractura óptica. Miramos por la ventana a la esperanza arrastrando su animal invertebrado, rogando desesperada por un poco de oxígeno. Alguien gritaba en el idioma de Lázaro, en la lengua de los muertos que vuelven a la vida. A veces, el sufrimiento te acerca a la verdad. Eso decía. Luego empezaron a llover cabezas de caballos. Eran cientos de cabezas decapitadas de mármol verde indio. Y se quedaron flotando, por un buen rato, al pie de nuestra casa.

ÍNDICE

I DIARIO DE PANDEMIA / 13

II EL PROBLEMA CON LA OLA DE HOKUSAI / 53

III PAPELES DE CUARESMA / 69

Ernesto Carrión
(Ecuador, 1977)

Poeta, novelista y guionista. Una de las figuras más destacadas entre los poetas contemporáneos latinoamericanos. Considerado como un parteaguas en la lírica de su país, es el autor ecuatoriano más premiado de los últimos lustros. Ha obtenido los reconocimientos: Premio Hispanoamericano Gabriela Mistral (2024); Residencia de Escritores Malba (2024); Premio Internacional de Poesía Juan Alcaide (2023); Beca Gonzalo Rojas (2023); Premio Miguel Donoso Pareja de Novela (2019); Premio Lipp de novela (2017); Premio Casa de las Américas de novela (2017); Premio de Literatura Miguel Riofrío de novela (2016); Premio de Poesía Jorge Carrera Andrade (2008 | 2013); Becario del Programa para Creadores de Iberoamérica y Haití en México (Fonca-AECID) (2009); Premio Latinoamericano del Festival Internacional de Poesía de Medellín (2007); Premio de Poesía César Dávila Andrade (2002), entre otros. Publicó el tratado lírico «ø», comprendido por trece libros divididos en tres tomos: I. La muerte de Caín: *El libro de la desobediencia, Carni vale, Labor del Extraviado* y *La bestia vencida*. II. Los duelos de una cabeza sin mundo: *Fundación de la niebla, Demonia factory, Monsieur Monstruo, Los diarios sumergidos de Calibán* y *Viaje de gorilas*. III. 18 Scorpii: *El cielo cero, Novela de dios, Verbo (bordado original)* y *Manual de ruido*. A partir de 2015, incursionó en la narrativa y ha publicado hasta la fecha doce novelas.

Made in the USA
Columbia, SC
29 June 2025